AF233146

LE TOCSIN

DE LA LIBERTÉ,

PAR

F∴ - L∴ - Jos∴ Mairesse.

Vervins,

Imprimerie de Delonchamps.

NOVEMBRE 1830.

Le Tocsin

de

LA LIBERTÉ.

LE TOCSIN

de

LA LIBERTÉ,

Par F∴-L∴-Jos∴ Mairesse,

ANCIEN MAGISTRAT,

Propriétaire à Origny, Arrondissement de Vervins (AISNE).

PREMIÈRE ÉPOQUE.

Notre première Révolution.

Aɪɴsɪ que les grands phénomènes de la nature, les grands phénomènes politiques ne s'annoncent qu'avec fracas. De beaux élans intellectuels fortement comprimés, de généreuses affections sociales brutalement contrariées, la pensée partagée entre le silence et les cachots, la raison elle-même traitée de factieuse : telles sont les causes de ces terribles explosions qui se remarquent chez les nations dont l'impatiente indignation s'est enfin procuré une issue. *Quà data porta, ruunt.*

C'est ainsi que s'expliquent ces nombreux et affligeans

excès qui furent le début de notre première Révolution. Je ne les approuve point, mais je les excuse : les provocateurs, voilà les seuls vrais coupables. Ils étaient devenus d'autant plus audacieux, d'autant plus exacteurs, qu'ils vieillissaient dans l'habitude d'opprimer, et qu'ils s'attendaient moins au terme si prochain de leurs scandaleuses jouissances.

Une noblesse dédaigneuse, dévastatrice impudique de nos propriétés pour faire diversion à l'ennui qui la suivait pas à talon, en un mot, une noblesse que nous nous excitions chaque jour à haïr tant elle insultait à nos malheurs : voilà quelle était notre première calamité.

Des prêtres ambitieux, dangereux moralistes, toujours prêts au crime pour le salut de leur *corne d'abondance*, puissans leviers pour renverser les Etats, spoliateurs de familles au moyen de leurs amulettes religieuses, jouissant paisiblement d'une fortune d'iniquité au-delà de six cent quarante-huit millions de revenu, s'emparant de nos récoltes et de nos denrées qui ne leur coûtaient que des mouvemens maxillaires, vendant effrontément et à tel prix qu'ils voulaient, leur eau, leurs farineux et leur axonge qu'ils nous distribuaient à force ouverte, vendant, à bureaux publics, le pardon de tous les crimes; à Venise seule, ils en vendirent pour seize écus marcs d'or, tarifant le rachat des infractions à leur code disciplinaire, scandaleusement dissolus : voilà quelle était notre seconde calamité. Prêtres, je ne vous lâche pas encore; tout-à-l'heure je vous écraserai.

Des chefs politiques *par la grâce de Dieu* comme je suis homme *par la grâce de mon cheval*, en possession

de tout oser et de tout interdire, ayant pour principaux
ministres des bourreaux et des *muets* armés prêts à dis-
tribuer la mort au premier signal, ne regardant les
hommes que comme une richesse territoriale, répendant
avec une profusion insultante le produit d'une foule
d'impôts qui nous pressuraient : voilà quelle était notre
troisième calamité, notre calamité suprême.

La plupart de ceux qui pouvaient nous éclairer et
nous enhardir se trouvaient dans le tourbillon de ces dé-
sordres. Quelques autres suppléaient de temps en temps
à notre silence d'esclaves ; mais tout-à-coup ils devenaient
muets. Nous n'avions qu'une assez bonne école, celle
du *Théâtre*. Nous y entendions des critiques amères,
des pensées dont la hardiesse exaltait les nôtres, et des
leçons qui nous enseignaient à juger nos maîtres et à
nous mépriser nous-mêmes ; et quand l'homme n'est
plus à ses yeux ce qu'il doit être, il se retourne
vers ses tyrans, et commence à n'y voir que ses semblables, que des hommes chargés *d'insignes* qui en imposent aux yeux afin d'en imposer à l'esprit. *Brutus*,
Mahomet, le *Tartufe*, etc : voilà un livre de grandes
vérités que le théâtre nous a ouvert.

Après bien des années, circulent enfin parmi toutes
les classes ces beaux ouvrages où l'homme social se voit
en grand. Son air de dignité le flatta, et bientôt il voulut
être tel qu'il se voyait. Alors ses tyrans se relâchèrent.

Oui, quand l'homme a pensé, ses tyrans ont frémi.

Chaque jour l'opinion publique devenait plus massive ;
les embarras du gouvernement étaient connus ; son

recours à la nation devenait indispensable ; il le redoutait ; les hauts cris des créanciers de l'Etat l'y forcèrent ; il fallut se résigner.

SECONDE ÉPOQUE.

L'Assemblée des Notables.

La France était dans le marasme financier. D'énormes dilapidations avaient précédé ; l'indépendance de l'Amérique nous avait coûté douze cents millions ; un collier de quinze cent mille francs au cou d'*Antoinette* était un autre scandale ; *Vergennes* assemble les Notables ; *Brienne* les congédie.

Paraît le fameux Edit du timbre. Le Parlement refuse de l'enregistrer, et veut avoir préalablement le tableau comparatif de recettes et de dépenses. Cette belle hardiesse choque *Brienne* qui l'exile à Blois. Il est rappelé. *Lamoignon* et *Brienne* travaillent sans relâche à l'organisation des *Cours plénières* (c'était faire revivre nos anciens *Comices*). Elles devaient être au-dessus des Parlemens qui perdaient de leur autorité par l'établissement des *grands Bailliages.*

Des intrigues secrètes et l'emploi de la force armée, devaient consommer l'humiliation du Parlement. Le conseiller *Dépréménil* paie, au poids de l'or, une *épreuve* des Edits qui s'imprimaient. Le Parlement sait tout. Il s'assemble et jure qu'il insistera sur la nécessité d'assembler LA NATION.

Cette énergie en donna à tous les esprits, et voilà ce que redoutait le gouvernement. Il hésite; enfin il capitule. Au demeurant, les hommes réunis en Etats généraux ne sont que des hommes dont les bouches n'en imposent pas autant que celles de nos arsenaux. Ainsi raisonna *Brienne.* Ce prêtre aussi avait l'esprit des *grands coups,* des coups de prêtres arrivés au pouvoir.

La nation vit dans cette capitulation un aveu de faiblesse ou un amour-propre et une présomption qui attendent tout du pouvoir. Heureusement, le prêtre *Brienne* ne préjugeait même pas la force de caractère de la nation, ni ses résolutions analogues. Elles furent grandes dès qu'elle sut que sa représentation serait égale à celle de chaque caste privilégiée.

Elle se tut. Elle devait se taire. La plus légère exaltation des esprits aurait suffi pour que le ministre s'en tînt à ses *Cours plénières* qui lui auraient été d'autant plus dévouées, qu'elles auraient remplacé notre première Cour souveraine.

Cette fois-là, et très heureusement, le *flair* du ministre fut en défaut.

⁓⁓⁓⁓⁓⁓

TROISIÈME ÉPOQUE.

Assemblée des États-Généraux.

Les Notables étaient des hommes clairvoyans. Ils avaient pressenti que le ministère ne voulait que déverser sur eux tout l'odieux des impôts énormes dont il s'agissait de charger la France déjà indignée des causes honteuses de son appauvrissement. Leur position était d'autant plus délicate, qu'appartenant tous à la haute région sociale, ils craignaient les tablettes du souverain. Toutes les considérations vinrent se briser contre leur conscience et leur pénétration. Ils s'excusèrent d'une manière aussi sage qu'ingénieuse : ils déclarèrent que la France n'était pas suffisamment représentée par eux.

Ces Etats Généraux sont assemblés. On comptait n'y trouver que des esprits très ductiles ; mais on y trouva des lumières, de grands talens et une énergie qui étonnèrent la France elle-même et toute l'Europe. Dès ce moment-là, on vit la fumée sortir de toutes les têtes ministérielles ; toute la basse-cour de courtisans ne quitte plus l'Œil-de-Bœuf ; on délibère avec la même frayeur, avec la même précipitation que les rats de *La Fontaine ;* on parle d'un coup de vigueur, celui de fermer les portes de la salle de réunion ; cet avis prévaut, et elles le sont sur-le-champ.

L'on s'étourdit sur les conséquences de cette mesure. On accusait même l'aiguille de sa lenteur à marquer l'heure de la réunion ; elle y arrive enfin, et l'on sourit à l'effet de l'affront préparé. Nos Députés se pressent ; ils approchent, mais à l'instant *des baïonnettes sont en avant ;* ce mouvement est significatif ; *au Jeu de Pomme,* ce sont les seules paroles qui se fassent entendre.

A l'instant, *la France représentée* est debout sous le ciel qui entend et reçoit le serment qu'elle fait de *ne plus se séparer.*

Versailles, témoin tout particulier des dissolutions et des infamies de nos satrapes, commence le cercle autour de nos Sénateurs; Paris accourt, le ferme et le triple; de ce groupe immense part le cri : *A Paris, à Paris;* la pâleur de *Louis Capet* annonce un maître qui craint plus ses anciens esclaves qu'il ne les méprise; la foule est à l'étroit sur la route qu'elle couvre dans tout son cours. Aux cris de joie à la vue d'un soleil qui se couchera la dernière fois sur une terre d'esclaves, succède un silence adroitement concerté, c'est-à-dire, pour laisser *Louis* s'abandonner à ses réflexions. Elles étaient accablantes, terribles même sans doute......., il pleurait.

Ce ne sont plus des *Etats-Généraux* que nous avons; c'est une Assemblée constituante. La forme de gouvernement annonce des hommes sages qui ne veulent plus que la France ait un tyran pour premier magistrat. Les droits de l'Homme et du Citoyen sont en tête du nouveau pacte social. Que dis-je *nouveau?*.... La France n'en eut jamais....... Toujours elle était forcée de *saluer souverain* celui qu'un usage antique affublait d'un diadème, affublement que précédait l'application d'un liniment par un prêtre. Ce liniment avait la vertu de métamorphoser l'homme en *roi par la grâce de Dieu.* Le vulgaire le croyait...... Le sage riait de l'ampoule et du pigeon qui l'avait apportée.

La loi de la raison et de l'intérêt particulier sagement entendu est bien moins dure à subir que celle d'une impérieuse et humiliante nécessité. Au lieu donc d'assouplir sa volonté à une masse de volontés si énergiquement exprimées, *Louis,* perfidement décoré de nos couleurs, se prépare à faire parler ses bouches formidablement persuasives de la Bastille et de Vincennes. Aussitôt la Bastille s'écroule, et avec elle toutes celles de la France.

Louis était intentionnellement coupable..... Pourtant on lui pardonne comme on pardonne à un ennemi vaincu.—*Louis* avait été tyran; il aimait à l'être encore. Il comptait sur ses *muets* armés..... Ils s'avancent, mais ce n'est que pour tomber. La terre qui avait reçu le sang de nos généreux Parisiens, demandait celui de leur premier bourreau. La France le lui refuse.... Cette fois, elle le devait. La France fait plus; elle le veut bien encore pour chef, et il en jure le contrat : les hommes s'en laissent trop imposer par les sermens.

De temps à autre il donne des signes de *maître.* Sans doute il croyait au déclin de l'effervescence qui avait méconnu sa *légitimité* ..... *Louis* s'abandonnait à l'illusion favorite des tyrans. *Manet altá mente repostum...* Les plus horribles complots menacent la France, et lui préparent toutes les calamités dont est capable une ty-rannie humiliée par une simple restriction de pouvoir. Des troupes étrangères s'avancent..... Il les avait invo-quées.... Elles l'attendaient.... Il fuit.... On l'arrête.... Il paie de sa tête sa perfidie et son ingratitude.

Un souverain supplicié exaspère tous les autres La tyrannie formait la chaîne en Europe..... Tous les ins-trumens de mort sont en marche contre nous..... La trahison y ajoute ses combinaisons.... Mais des milliers d'ennemis ont pour sépulture notre sol dont ils espéraient faire celle de la France.

Forte de nos victoires et de l'élévation du caractère Français, notre Représentation nous érige en République. C'était affronter la conjuration de tous les tyrans; c'était à-la-fois le gouvernement le plus approprié à un peuple tel que nous. Il appartenait à la France d'être la *Rome moderne;* mais elle était destinée à toutes les bourrasques politiques.

Le pouvoir se trouve dans des mains sanguinaires. Toutes les passions se subliment..... Le Français n'était plus libre que comme les Grecs enfermés dans l'antre des Cyclopes où ils attendaient que leur tour vînt d'être dévorés. Des milliers de transfuges reparaissent et demandent audacieusement la récompense de leur lâcheté. La circulation du pouvoir était lente pour le maintien de nos institutions, mais très rapide dans le sens des faveurs accordées à ceux qui en méditaient la disparution. Des partis n'étaient renversés que pour faire place à d'autres. La haine, la vengeance et l'ambition mesuraient et calculaient hardiment leur succès; le Français était mené durement à l'obéissance..... On s'y livrait par l'intérêt de sa fortune ou de sa vie, mais on s'en défiait par réflexion; c'était la crainte de revoir des castes prévilégiées, c'est-à-dire les funérailles de la liberté.

Montesquieu, et après lui, l'*Athéronome* de Berne, regardent la loi *Julia* comme l'une des principales causes de la décadence de la République romaine, parce que ceux que cette loi favorisait apportèrent dans les tribus leur génie, leurs intérêts privés, et pis encore, leur grand esprit d'indépendance.

Nous l'avions faite l'expérience de souffrir parmi nous

des hommes qui dépassaient orgueilleusement le niveau commun, juste et continuel sujet d'indignation et de révolte de la part du peuple à qui ils insultaient. D'un côté, nous savions apprécier notre état d'humiliation au fur et à mesure que notre raison qui s'éclairait successivement nous le rendait plus sensible; de l'autre, ces castes se cramponnaient à leurs archives, d'où s'entendirent les premiers sifflemens d'une violente éruption.

La France demeurée intacte durant toutes ces crises, est véritablement un prodige, et ce prodige, ce sont nos armées qui l'ont opéré, même en dépit de ceux qui les commandaient; on semblait regretter qu'elles eussent vaincu. En un mot, tout s'affaissait parmi nous.... Nous approchions même du dégoût de la liberté.

Un homme déjà extraordinaire veillait sur la France. Notre grand bras militaire, ce bras si redouté du *Directoire*, avait été éloigné. Il revient..... Sa présence est une surprise..... Le pouvoir lui convenait..... Il s'en empare : la France lui applaudit, et voilà sa première légitimité. Sa mission semblait être celle d'humilier les *vrais usurpateurs*... Elle l'était en effet, et il la remplit.

On l'accuse d'ambition..... Il en avait une, c'était celle de ne stabiliser notre forme d'administration générale, qu'après la défaite de nos ennemis; en cela, il s'était formé à l'école romaine. Des ennemis qui reprennent les armes après les avoir baissées et mises à ses pieds et avec elles leurs diadêmes, ne méritaient point de repos.

On l'accuse d'avoir été despote..... Il le fut et devait l'être envers des hommes incapables d'apprécier ses vastes conceptions, et qui s'avisaient de combattre sès résolutions, dans la vue de servir nos ennemis. Il était bien mérité le soufflet qu'il a donné : toute la honte en reste à celui qui l'a reçu.

Invincible par les armes, inaccessible à toute proposition incompatible avec la grandeur de la nation, il ne restait qu'une ressource, celle *à la manière anglaise*.... Elle réussit.

La France, cette nation si soigneuse de sa gloire, si grande dans ses procédés, n'est pas exempte de lâches et de traîtres!!!..... Le dire..... Quelle tâche pénible pour l'historien!!! Mais déjà la France a devancé son histoire, en accablant du même mépris et les traîtres et les corrupteurs. C'est trop peu : leur place est sur le *Mont Caucase*.

Napoléon n'est plus ; mais les suites de ces trahisons!!! Notre propre terre saturée du sang de milliers de braves offerts en sacrifice à des ennemis furieux d'avoir toujours été contraints de fuir devant eux ou d'en recevoir la mort ; toutes nos habitations, toutes nos ressources mobilières à la merci de ces hordes ; nos finances suffisant à peine pour les stipendier, en un mot, tous les maux dont on puisse accabler un peuple contre qui on a tout juré excepté son extermination : voilà ce qu'elles nous valurent.

Nos yeux ne se mouillèrent point en voyant partir nos enfans pour la grande famille militaire, parce qu'ils devenaient ceux de Napoléon ; mais nous avons pleuré tout à-la-fois leur départ et leur retour, en ne les voyant revenir qu'avec la gloire de n'avoir pas été vaincus. Ceux sur lesquels a déjà passé tant de fois le soc de la charrue, sont morts avec l'amour de la patrie, mais ils ne sont point morts pour elle.... *Quis talia fando!!!*

QUATRIÈME ÉPOQUE.

L'Étranger impose à la France un autre Capet.

J'ai parcouru un champ de bataille. Partout j'y ai vu l'exercice du droit abominable professé par *Grotius,* c'est-à-dire, des débris encore embrasés, des ruines, des dévastations. Ce champ était celui qu'avaient laissé derrière eux nos guerriers qui venaient de vaincre en *guerriers;* mais à Waterloo, c'était une belle armée dans son attitude habituelle, l'attitude de la victoire, succombant sous la perfidie. *Cambronne* et ses héros soutiennent le combat. *Wellington* les accable. En courant prendre *Cambronne* dans ses bras, *Wellington* devenait un héros.

> Des héros malheureux le héros plaint le sort;
> A la noble valeur il aime à rendre hommage,
> Et du glaive toujours il arrête l'effort
> Lorsqu'il va ne frapper qu'un impuissant courage.
>
> Une telle vertu l'Anglais ne connaît pas :
> L'ennemi sans défense est celui qu'il préfère.
> *Cambronne,* à Waterloo, lui répond et combat;
> *Cambronne* et ses Français y ferment leur carrière.

> Ennemis d'Albion, craignez tous les malheurs :
> L'Anglais ne combat point; il ravage, il égorge.
> Sur-tout d'un *Wellington* redoutez les fureurs.
> C'est un brave, un héros.... lorsqu'il coupe la gorge.

> Des horribles succès Londres est l'entrepôt.
> Toujours Londres a su vaincre les résistances.
> Le poison, les poignards, la flamme, les lingots;
> Voilà comme Albion en impose aux puissances.

Ne pleurons plus sur nos enfans : ils ne verront point cet autre *Capet* que l'étranger nous-ramène; pleurons sur nous-mêmes qui sommes forcés de le recevoir et de nous taire. Au règne d'*Antonin* le philosophe, succède pour nous celui du farouche et perfide *Commode*. Astucieux jusqu'au rafinement, il feint d'oublier qu'il est le maître d'une nation qui l'a proscrit, lui et toute sa race. Malheureusement pour nous, ils étaient chez les Anglais.

D'abord, cet homme nous amuse avec un prétendu pacte social où il sait se ménager des forces discrétionnelles pour le maintien de l'autorité que notre impuissance nous empêche de lui contester. Dans son esprit, il nous voyait respectueusement inclinés devant lui; mais dans le nôtre, il n'était qu'un lâche arrivé au siége du pouvoir en passant sur les cadavres des Français égorgés en son nom; il n'était qu'un ambitieux dans l'ivresse de voir enfin se réaliser son ancien rêve *qu'il était notre maître*.

Dès 1788, il convoitait l'autorité suprême. On l'a entendu, de concert avec quelques Parlemens, proposer de faire déclarer *bâtards* les enfans d'*Antoinette*, et d'interdire son mari comme incapable de gouverner, puisqu'il accordait tout à la table et à la chasse ; enfin, d'établir un gouvernement aristocratique *dont il serait le chef*. L'on voit qu'il se dotait ainsi de toute la France.

Trompé alors dans son attente par les adroites et heureuses combinaisons d'une liberté qui éclate et renverse toutes les résistances, il avait fui sur cette terre qui a porté l'échafaud où périt le *Charles* Ier qui la gouvernait. Voilà donc un peuple qui se bat pour rétablir un tyran, lui qui sait se défaire ignominieusement des siens ! Chez nous aussi un *Capet* a subi un pareil sort ; mais la terre de France ne recevra jamais un tyran poursuivi par la haine du peuple qu'il aurait indigné à ce point.

Capet s'adjoint des hommes selon son cœur de despote cauteleux. Les prêtres, ces gens si familiarisés avec la fourberie, si habiles à servir un tyran qui les regarde comme nécessaires, sont admis à ses intentions les plus secrètes. Ils commencèrent par lui dire : *Il faudrait*. Bientôt ils lui dirent : *Il faut*, et les choses allèrent comme il leur plut, c'est-à-dire, de biais, mais finalement à notre antique servitude.

Nos siéges législatifs sont occupés par des apostats de la dignité de Français. Ils demandent l'*indemnité*. *Capet* reconnaissant, les avait prévenus à cet égard. On la leur présente sous la forme d'une loi. Ils étaient juges et parties ; elle fut votée par acclamation : c'était les loups jugeant leur procès contre les moutons ; c'était des brigands appelés à prononcer sur leur brigandage.

Ainsi que tous les tyrans, ce *Capet* redoutait la presse,

cette trompette salutaire qui, en sonnant si fort toutes les iniquités, redouble les inquiétudes des coupables. Il la fait taire. Enfin, il meurt et va pourrir pompeusement auprès de ses devanciers, emportant dans son linçeul ses desseins criminels et le regret de n'avoir pu jouir de leur exécution.

CINQUIÈME ÉPOQUE.

La France gémissante. — La France triomphante.

En nous délivrant de ce *Capet,* la mort ne fit rien pour nos libertés. La France, toujours muette, apprend que c'est un *Charles* qu'elle a pour maître. Il semblait que la liberté eût suivi au tombeau la génération qui l'avait vu naître. Les Français n'étaient plus que des pantins obéissans qui ne soupçonnaient pas même les moteurs qui les mettaient en jeu.

Héritier de la fausseté de son frère, il commence par lever l'écrou sur la pensée. Les cœurs s'entrouvrent à l'espérance. Cœurs trompés, vous allez vous refermer. *Charles* paraissait avoir signé le diplôme de la liberté; mais il ne faisait que se ménager en secret des prétextes pour le retirer.

Quoiqu'il en soit, le feu s'ouvrit sur les abus et les excès de pouvoirs. Ce feu était vif. Aussi long-temps que le fou dont parle *Phèdre* ne jeta ses pierres qu'aux malotrus, l'on n'y fit pas attention ; mais dès qu'il se mit à les jeter *aux grands,* il fut enfermé.

Aussi long-temps que nos écrivains n'atteignirent que les petites magistratures, on les laissa faire ; mais sitôt qu'ils s'en prirent aux magistrats de haute tige, on se hâta de les réprimer. La pluie qui lava le visage de *Britannicus* laissa à découvert les traces du poison que *Néron* lui avait fait donner. Les scellés rétablis sur l'expression de la pensée révélèrent tous les secrets de *Charles.*

Ce *Capet* aussi était fou des prêtres et de leurs avantageuses fourberies. Ils régnèrent sous son nom. De-là cette foule de mesures et d'actes qualifiés *lois,* qui rendirent la France le jouet de l'Europe pensante : elle aurait fini par devenir celui du Hottentot lui-même. Elle l'aurait mérité.

Des hommes que l'on croyait l'élite de la nation sont délégués pour en stipuler les intérêts. Ils se vendent au pouvoir. Une telle vénalité nous offense et nous donne un courage qui le dispute à celui de *Charles.* Ici commence le grand système de la fraude et de la corruption. Nous cédons une fois devant lui. De nouveau en présence, la honte et le dépit restent à la fraude et à la corruption.

Villèle régnait..... *Villèle* pâlit et se retire. Londres craignait que la France reprît sa suprématie politique..... *Wellington* nous décoche *Polignac.....* L'enfant chéri de *Charles* veut reprendre les derniers erremens du ministère..... Il sent que les rènes qu'il tient yont se briser.

Paulò majora canamus. Polignac savait bien qu'il était en face d'une forte opinion ; mais son portefeuille lui disait qu'elle n'était rien devant la force qui sort du bronze ; que c'était comme ces ombres qui disparaissaient au premier chant du coq. Cependant il s'éloigne du lieu où il va faire détonner tous les esprits, éclater toutes les vengeances, et se tient derrière ses *fidèles* que commande un homme dont le nom seul était capable de centupler tous les courages opposés.

Ses ordonnances du 25 sont publiques le 26. Ce même jour, commencent ses violences et ses destructions sur les presses, et à l'instant

SONNE LE TERRIBLE TOCSIN DE LA LIBERTÉ.

En quelques minutes, Paris devient un Mont Vésuve dans ses plus épouvantables éruptions..... *Furor arma ministrat;* durant trois jours, les bras sont retroussés et frappent comme ceux d'Hercule; ni les morts, ni les mourans n'arrêtent l'intrépide Parisien......... Il veut vaincre...... Il a vaincu, et la France, les mains levées vers sa digne Capitale, lui crie : *La liberté est à nous, et c'est de vos bras que nous la recevons.*

GÉNÉREUX PARISIENS !..... HOMMES UNIQUES DANS L'HIS-TOIRE ! que pouvons-nous..... Que devons-nous faire pour vous?..... Parlez, car la France est à vous puisque sans vous elle ne serait déjà plus..... Où il n'y a plus de CITOYENS, il n'y a plus de NATION.

Charles rentre dans l'obscurité......... Aussitôt tout redevient calme. Tel est le caractère du Français : il passe aussi rapidement du tumulte des plaisirs à l'honneur des combats, que de la gloire d'avoir vaincu, à ses douces habitudes.

SIXIÈME ÉPOQUE.

La France se régénère.

La grande affaire est consommée...... la FRANCE EST LIBRE, et elle l'est pour toujours. A chaque naissance, elle compte un souverain de plus, et ce souverain naît les armes à la main pour le maintien de ses droits........ Ils sont LÉGITIMES, parce qu'il les tient de sa condition d'homme social.

Avec les mêmes intentions de liberté, on ne s'accorde pas sur la forme de gouvernement à adopter. Des dissentions trop prononcées eussent été un mal, peut-être même un très grand mal. Notre aréopage parvient à leur donner un confluent...... Notre première magistrature est offerte à *Louis-Philippe*..... Elle est acceptée.

Quelle belle..... quelle imposante magistrature que celle d'être le principal CITOYEN de la France!!!

Tous les rouages de l'antique machine se changent progressivement. Déjà son jeu est plus simple, et ses frottemens moins multipliés. Sous peu, elle arrivera à la meilleure perfection possible. La France ne manque point d'*Isocrates*. S'il nous faut des hommes qui enseignent l'obéissance au *Prince*, il nous en faut aussi qui soutiennent les intérêts d'un peuple tel que le nôtre, c'est à-dire, d'un peuple GRAND sous tous les rapports.... Il l'a prouvé..

Au-dessus de toutes ces vieilles habitudes, de toutes ces niaiseries politiques convenues entre les chefs des Etats, je dirai que la France pouvait se passer de faire *reconnaître* son gouvernement. Nous nous appartenons, et nous devons n'appartenir qu'à nous. Consulter les autres chefs des Etats, c'est établir une espèce de vassalité..... C'est demander une *investiture*. N'est-ce qu'une *politesse*? Je la trouve trop enfantine ; je la trouve même indigne de nous : la moindre dérogation à NOTRE GRANDEUR a toujours quelque chose de l'humiliation.

Craignions-nous la guerre? .... La guerre!!!!!!........ Quels seraient les chefs politiques assez téméraires, assez peu réfléchis pour essayer de se mesurer avec nous?..... Sont-ils sourds?.....

N'entendent-ils pas que le TOCSIN de la liberté commence à sonner en Europe?..... Il ne sonne plus chez nos voisins du nord..... Ils sont *libres*.

Il sonnera sous peu chez une nation qui se repent d'avoir donné elle-même la main à sa rentrée sous une domination théocratique, domination la plus oppressive, la plus odieuse de toutes.

Peut-être sonne-t-il en ce moment chez un peuple que touchent les eaux de l'Océan..

Il SONNERA PAR-TOUT, et par-tout les peuples sortiront de leur tombeau. Les tyrans ne trouveront plus de salut dans cet attirail qui seul est la Charte de leur *légitimité*. Le soldat est HOMME..... Il sera jaloux..... Il sera orgueilleux de devenir CITOYEN.

Notre drapeau est pour le monde *le phare d'Alexandrie*.

Sommes-nous les seuls *hommes* de l'Europe? ... Nous, philantropes et cosmopolites, pourquoi donc verrions-nous d'un œil sec nos semblables sous le couteau de leurs tyrans?.... Pourquoi cette timidité à leur accorder nos bras et notre courage?..... Nous ne devons pas seulement les leur offrir ..... Nous devons aller combattre au milieu d'eux. La liberté est due au monde entier..... Pourquoi reculer devant la gloire de l'aider à la conquérir?......

L'on m'opposera des considérations politiques....... Nous sommes FRANÇAIS..... voilà toute ma réponse.

Il est une espèce de dépendance dont il faut aussi nous affranchir.

Un prêtre commande à Rome..... C'est une monstruosité politique. Parce qu'il est au-delà des monts, ce prêtre, autrefois le fléau du monde, *le vieux de la montagne*, se croit encore un personnage important, un personnage à ménager. Laissons-le tout entier, mules et tiare, à qui voudra de ses amulettes. Ses relations avec ses lévites en France peuvent alourdir notre nouvel ordre social. Ces lévites ne sont pas encore assez impuissans pour les oublier : il faut qu'ils dorment du sommeil du Saturne. Nous pouvons en finir avec eux et sans secousses : qu'ils disparaissent de nos budgets.... Qu'ils restent aux gages de ceux qui les emploient.

Pasquin et *Marforio* restent-ils muets avec tant d'occasions de se dialoguer?.... J'en doute. S'ils parlent, ils auront à faire au *saint Mufti* bien des complimens de condoléance. La gloire de l'ancienne Rome est encore dans les monumens de l'Italie. Elle doit l'être aussi dans les esprits. Voilà dix-huit siècles que la raison humaine reste nébuleuse. Le SOLEIL de la liberté se lève ; il n'éclairera plus long-temps de sols esclaves. Le chef des Germains, cet homme oxydé de vieilles routines politiques, y envoie ses légions; mais il ne saurait non plus leur fermer les yeux. Elles savent qu'en frappant sur des hommes qui veulent être libres, c'est frapper sur elles-mêmes et leurs enfans. Cette pensée suffira pour faire briser tous les glaives, si elle ne les fait tourner contre le tyran lui-même.

Que la France sache apprécier la gloire de sa destinée : elle est celle d'élever l'âme de toutes les nations. Qu'elle commence donc par développer ses grands principes d'administration intérieure. L'initiative en appartient à nos ouvriers législatifs. Jusqu'ici, leur marche ne répond pas assez à nos espérances. On dirait qu'ils se regardent comme placés sur un terrain mouvant. Une telle hésitation sied-elle à des Sénateurs? Nous n'avons point de lois véritablement régénératrices; point de lois qui soutiennent à la hausse nos affections sociales actuelles ; point de lois, enfin, réparatrices de ces nombreuses et outrageantes atteintes portées à nos droits et à nos intérêts.

Qu'arrive-t-il d'une telle imprévoyance? Une grande anxiété sociale, des secousses toutes en sens inverses, et, ce qui serait pis encore, le redressement de la tête de la faction qui rugit sourdement, et ne craint plus que ce coup, puisqu'il serait celui de la mort. Que ce bras salutaire se lève donc et le frappe. Alors seulement la France satisfaite s'écriera : *Il ne nous reste plus d'ennemis à vaincre.*

La France, l'aînée des nations libres de l'Europe, leur doit encore une grande leçon; la voici :

Le crime ne doit plus trouver d'asile. On ne lui demandera point POURQUOI.... La question elle-même serait un crime, celle du crime alarmé.

La France, philosophe sans tolérance dangereuse, ne voulant plus de *religion d'Etat,* donnera aussi l'exemple de la plus sage résolution qui puisse honorer sa raison publique. Elle fera disparaître de ses rues, de ses villes, de ses communes, de ses enseignes et écritaux, ces dénominations religieuses imposées par ses prêtres comme monumens de notre primitive ignorance : à cet égard, il ne faut pas plus offenser les yeux que les consciences.

Une liberté religieuse, qui ne fut qu'éphémère, avait fait élever de nouveaux temples à la Divinité. Des théophilantropes s'y réunissaient. On n'y distribuait point le pardon des crimes; on n'y vendait point de formalités dérisoires; on n'y entretenait point les hommes dans des illusions lucratives pour les inventeurs; on n'y inspirait point de craintes qui détachent de la société; on n'y prescrivait point de pratiques qui énervent le corps et dégradent la raison. Tout y était digne de l'*Etre* et de l'homme. Nos druides modernes infestèrent de nouveau la société, et ces temples se fermèrent.

J'ai quelque pressentiment qu'ils se rouvriront. Ceux de nos druides du jour se déserteraient progressivement. La grande part que ces prêtres ont prise à l'œuvre d'iniquité sociale, l'emploi qu'ils ont fait en faveur de nos tyrans, des sommes qu'ils recevaient de nos mains forcément ouvertes, les états de proscription qu'ils avaient dressés, que faut-il de plus pour les proscrire eux-mêmes dans l'opinion générale ?

La France actuelle peut tout. Sa force est immense. Outre ses légions permanentes, légions toujours les bien-aimées de la victoire, elle a ses légions citoyennes. Si elles n'ont pas encore été victorieuses, c'est qu'elles n'ont pas encore eu d'ennemis à combattre. L'Europe en armes contre nous serait l'Europe allant à la mort ou à notre pardon après avoir été vaincue.

L'Europe en armes.... Pensée gratuite si elle n'est pas injurieuse. L'Europe nous admire en secret. L'armer contre nous, ce serait sonner le trépas de ses tyrans.

Qu'il sonne..... L'Europe devient à l'instant un grand Elizée social.

...Le Belge vient en second pour ce grand acte de régénération Européenne ; mais que le Belge se méfie. Le fameux *Guillaume-Frédéric-Georges-Louis* convoite le pouvoir de cet Etat. Il s'en dit *citoyen*. Il ne l'est point ; *il est fils de loup....* C'est assez dire.... *Timeo Danaos et dona ferentes..... Latet anguis in herbâ.....* Voilà toute ma paraphrase.

Alger dans nos mains deviendra un conducteur électrique pour les contrées de la zone torride. *Clausel* ébauche la civilisation de ces peuples. L'Anglais nous jalouse cette conquête qui lui donnait bien d'*autres espérances*. Toujours il tente de mettre le pied sur quelque terre ferme. Que celle-là encore lui soit interdite. Qu'elle soit la fille adoptive de la France. Actuellement, son abandon serait pour nous une mutilation.

Plus d'amours-propres à ménager ; plus de préjugés à saluer ; plus de vaniteuses convenances à caresser : la pensée peut aller aujourd'hui *toutes voiles dehors*. Je dirai donc que ceux-là seraient bien téméraires, bien jaloux de nous faire contracter une flétrissure, qui nous proposeraient de trafiquer des droits des Portugais avec *Miguel*. Correspondre seulement avec lui, serait appuyer sur la main qui enfonce un poignard......... C'est un brigand....... Qu'il en subisse la peine. Laissons un tel trafic à *Metternich* et autres gens à spéculations sur la qualité et le prix des têtes humaines.

Quelles sont aussi ces imaginations à vieilles rubriques, en travail d'un congrès relatif à l'état actuel de l'Europe ? Qu'on apprenne que les hommes ont cessé d'y être *marchandise*, et qu'ils redressent enfin leur courbure. Tous les tyrans chancèlent, et tous les bras sont tendus pour en consommer la chûte.

La France, par l'organe de son PREMIER MAGISTRAT, a déclaré qu'elle n'interviendrait dans l'insurrection d'aucun peuple ; elle ne doit donc pas non plus intervenir dans les complots des tyrans : NATION SOUVERAINE, qu'elle parle et agisse SOUVERAINEMENT. Au reste, que ces tyrans *décident*..........; les peuples *décideront* à leur tour.

Le soleil fixe au centre du monde qu'il éclaire et vivifie, FRANCE, c'est toi éclairant l'Europe et lui donnant des hommes *libres; Hercule* faisant reculer des montagnes pour s'ouvrir un passage, FRANCE, voilà l'emblème de ta FORCE ; *Jupiter* aimant à incliner sa tête vers la terre pour y contempler *Regulus* et *Caton*, et s'applaudissant de la beauté de leurs âmes, FRANCE, c'est toi contemplant les pleuples serrés dans les bras de la liberté, et t'applaudissant de ton ouvrage.

Que l'on ne me parle point d'*équilibre politique*; cette vieille balance est brisée : le grand niveau de la liberté abaissera toutes les têtes qui voudraient le dépasser.

L'on trouvera, peut-être, que je marche à deux picds sur des choses que tant d'autres vénèrent encore; voici ma réponse :

J'écris comme me croyant dans les pensées des habitans de l'Aisne, département auquel je suis glorieux d'appartenir, quoique je n'en sois qu'une des plus faibles lumières.

La ville de Vervins renferme des hommes très instruits, ayant de belles lumières, une agréable finesse d'esprit, une grande rectitude de jugement, parmi ses fonctionnaires, comme parmi son barreau et sa haute classe de citoyens. Quelques-uns m'ont dit que ma dernière production était un peu courte. Je desire que celle-ci ne leur paraisse pas trop longue.

L'accusation d'être fortement dosé d'amour-propre est un châtiment sans flétrissure. Moi donc aussi j'essaierai de traiter la question intéressante sur la *peine capitale*. En attendant que je la publie, et sans laisser préjuger quelles sont mes pensées, je dis, à l'égard des ministres en jugement : *expedit, et quidem summoperè expediret homines mori.* Oui, il faut, il faudrait même que la France apprît le plus tôt possible, que le sang de ces grands criminels a coulé sur les mêmes traces que celui des victimes.

R... MAIRESSE.

Origny, Octobre 1830.

www.ingramcontent.com/pod-product-compliance
Lightning Source LLC
LaVergne TN
LVHW050325030726
842520LV00005B/1776